In diesem Heft lernst du Wörter und ihre Bedeutung kennen.
Du übst die Wörter zu schreiben und zu lesen.

1 Lies die Wörter. Schreibe die Wörter ab.

AF196088

 die Oma

 der Opa

 die Limo

das Lama

der Ofen

 rosa

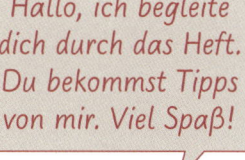

Hallo, ich begleite dich durch das Heft. Du bekommst Tipps von mir. Viel Spaß!

1 Kreuze an.

Oma

Limo

Ofen

Opa

rosa

Lama

1 Verbinde mit dem passenden Anlaut.

L

O

O

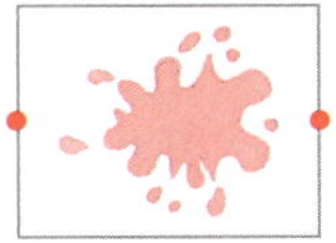

O

r

L

3

 Kreuze an.

○ O
○ U

○ ra
○ ro

○ Lo
○ La

○ O
○ U

○ O
○ U

○ Li
○ Le

1 Ergänze a, e, i, o oder u.

 __pa

 L__ma

 L__mo

 __ma

 r__sa

 __fen

In jedem ⌣ gibt es a, e, i, u, o.

Genau lesen

1 Lies. Kreuze an.

◯ Ofen

◯ Ofan

◯ Opa

◯ Opu

◯ Limi

◯ Limo

◯ Lama

◯ Lamo

◯ Ome

◯ Oma

◯ rosa

◯ rosu

1 Lies die Wörter. Schreibe die Wörter ab.

der Hase

die Nase

die Dose

die Rose

die Hose

die Wolke

1 Kreuze an.

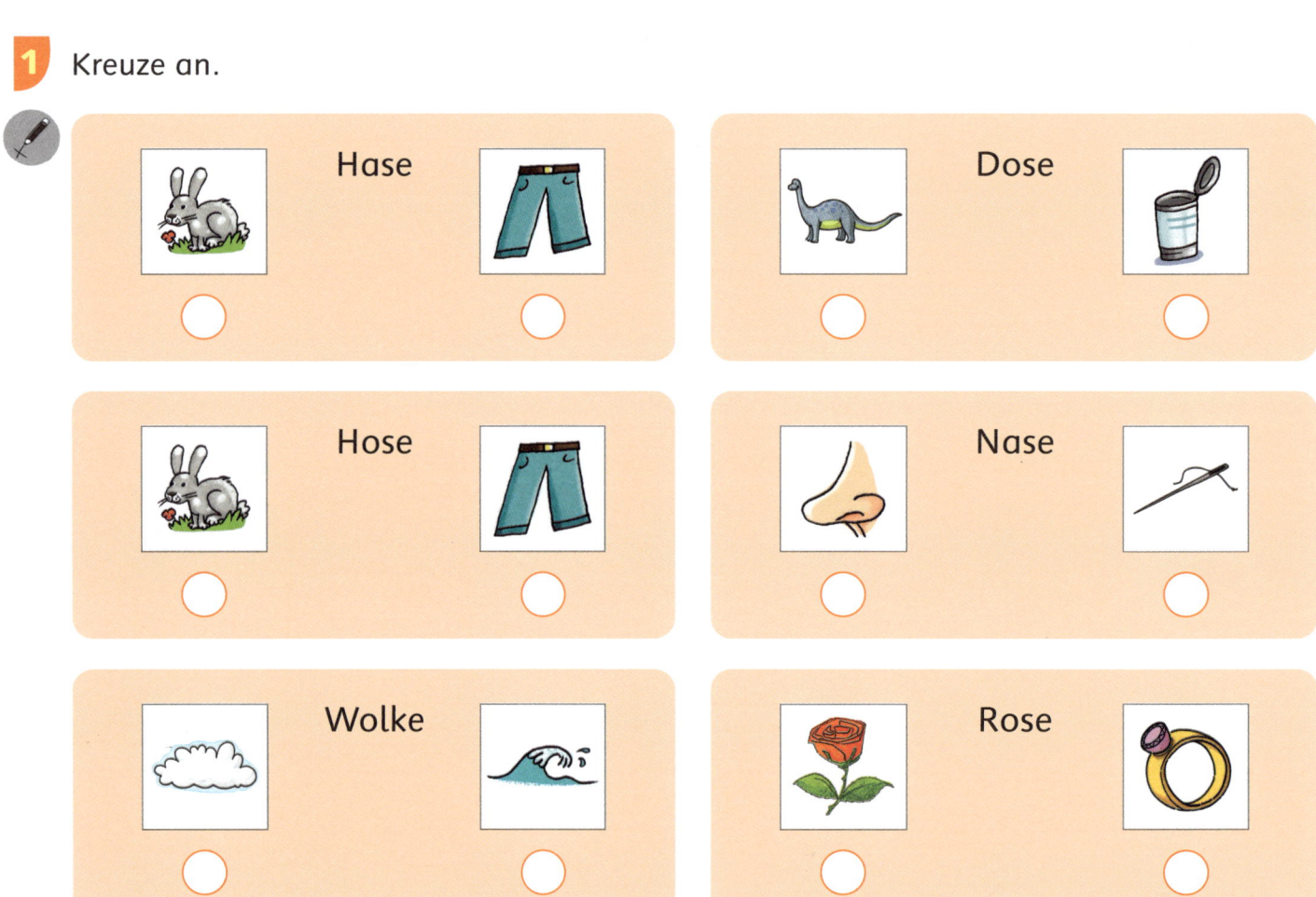

Hase

Dose

Hose

Nase

Wolke

Rose

8

1 Verbinde mit dem passenden Anlaut.

R

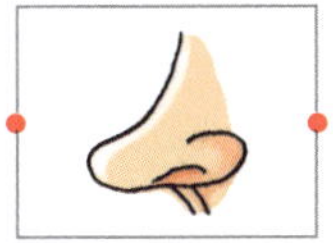

H

D

N

W

H

9

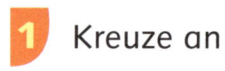 Kreuze an.

- ○ Wol
- ○ Wel

- ○ Ha
- ○ Ho

- ○ Do
- ○ Da

- ○ Ha
- ○ Ho

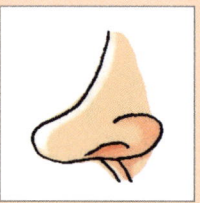
- ○ Ni
- ○ Na

- ○ Ro
- ○ Re

1 Ergänze a, e, i, o oder u.

 R __ se

 D __ se

 N __ se

 W __ lke

 H __ se

  H __ se

In jedem ⌣ gibt es a, e, i, u, o.

11

1 Lies. Kreuze an.

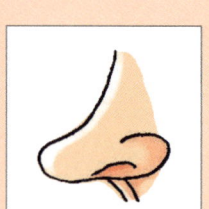

◯ Nase

◯ Nasi

◯ Wolke

◯ Wolki

◯ Dose

◯ Dosi

◯ Rosi

◯ Rose

◯ Hasu

◯ Hase

◯ Hosa

◯ Hose

Lies die Wörter. Schreibe die Wörter ab.

 der Papa

 die Mama

 die Note

 das Sofa

 die Lupe

 der Name

13

1 Kreuze an.

Papa

Note

Lupe

Mama

Name

Sofa

1 Verbinde mit dem passenden Anlaut.

S

P

N

M

N

L

1 Kreuze an.

○ Na
○ Nu

○ La
○ Lu

○ No
○ Na

○ Pa
○ Po

○ Mi
○ Ma

○ So
○ Se

1 Ergänze a, e, i, o, oder u.

 S__fa

 N__te

 M__ma

 N__me

 L__pe

 P__pa

In jedem ‿ gibt es
a, e, i, u, o.

1 Lies. Kreuze an.

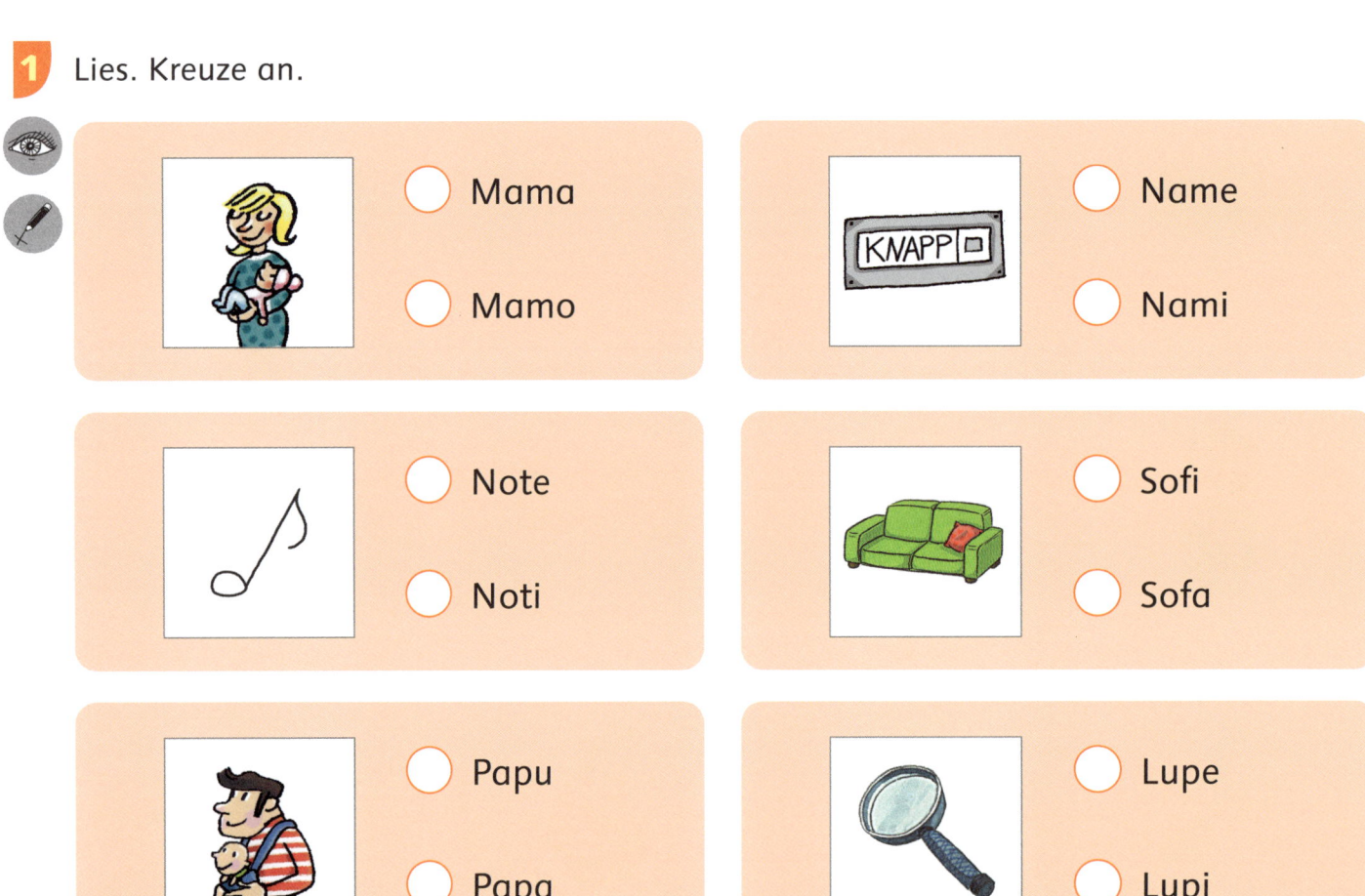

- ○ Mama
- ○ Mamo

- ○ Name
- ○ Nami

- ○ Note
- ○ Noti

- ○ Sofi
- ○ Sofa

- ○ Papu
- ○ Papa

- ○ Lupe
- ○ Lupi

F

O

R

M

H

L

Pi
Pa

Na
Nu

Nu
Na

Do
Du

Li
Le

ru
ro

Das kann ich schon!

  __pa

  R__se

 N__me

 L__ma

 W__lke

  S__fa

Das kann ich schon!

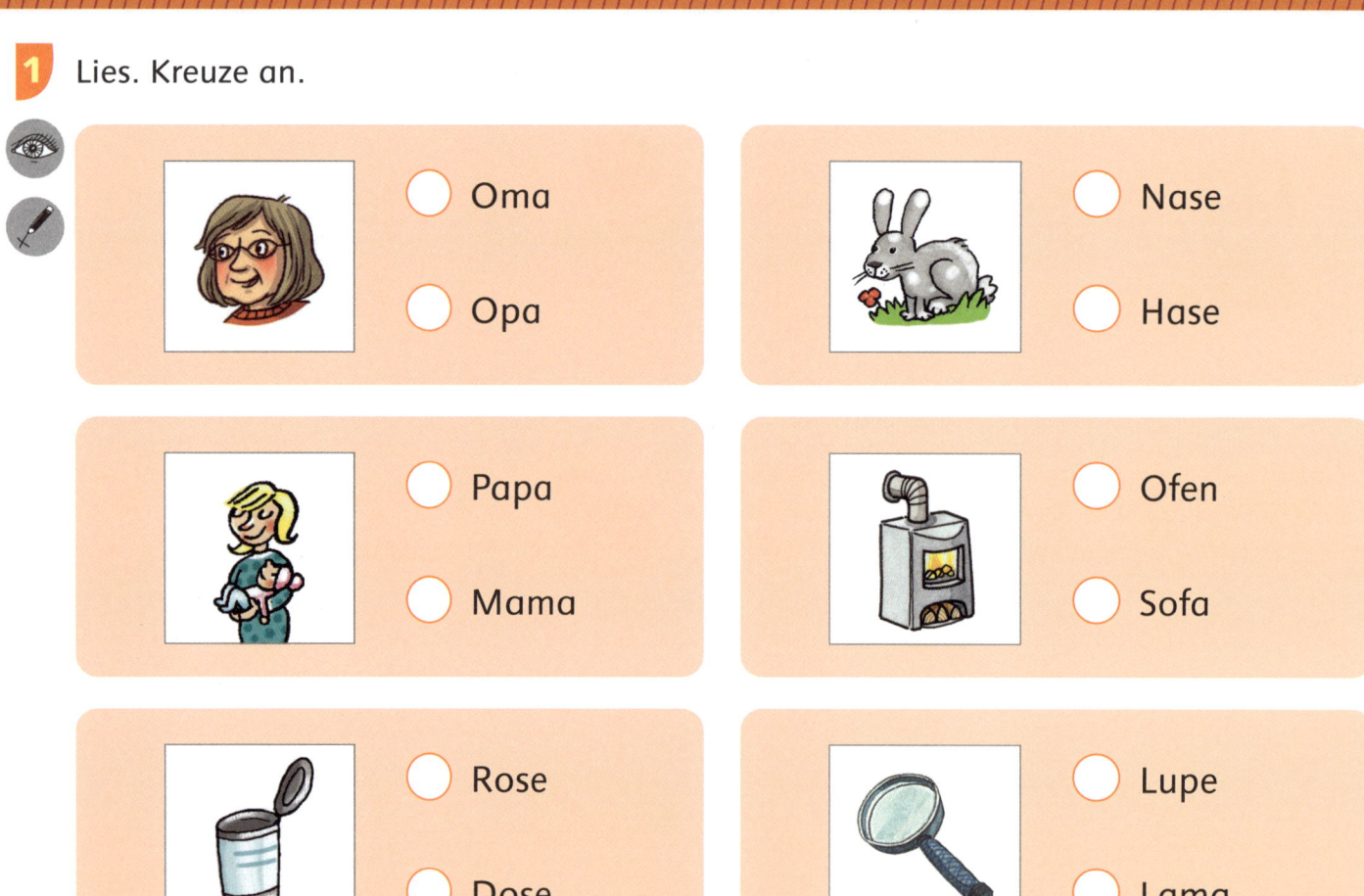

Oma
Opa

Nase
Hase

Papa
Mama

Ofen
Sofa

Rose
Dose

Lupe
Lama

In diesem Heft lernst du Wörter und ihre Bedeutung kennen.
Du übst die Wörter zu schreiben und zu lesen.

1 Lies die Wörter. Schreibe die Wörter ab.

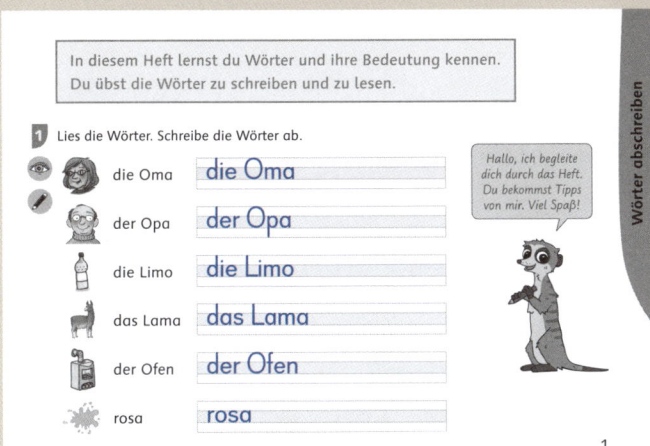

die Oma → die Oma

der Opa → der Opa

die Limo → die Limo

das Lama → das Lama

der Ofen → der Ofen

rosa → rosa

Hallo, ich begleite dich durch das Heft. Du bekommst Tipps von mir. Viel Spaß!

1

1 Kreuze an.

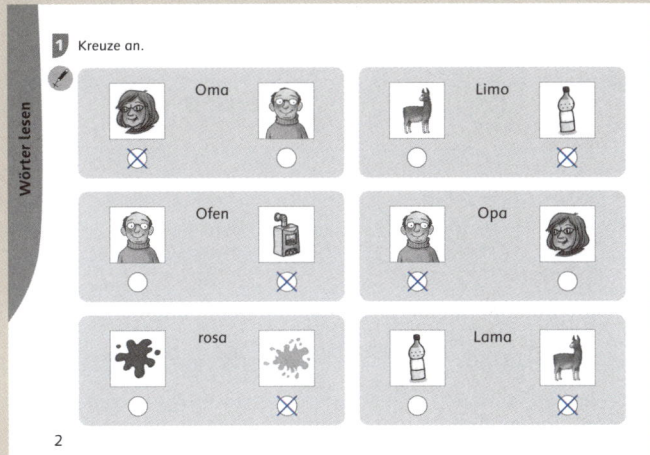

2

1 Verbinde mit dem passenden Anlaut.

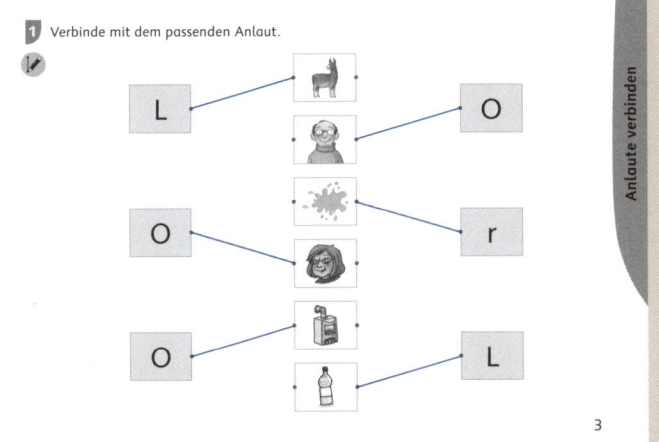

3

1 Kreuze an.

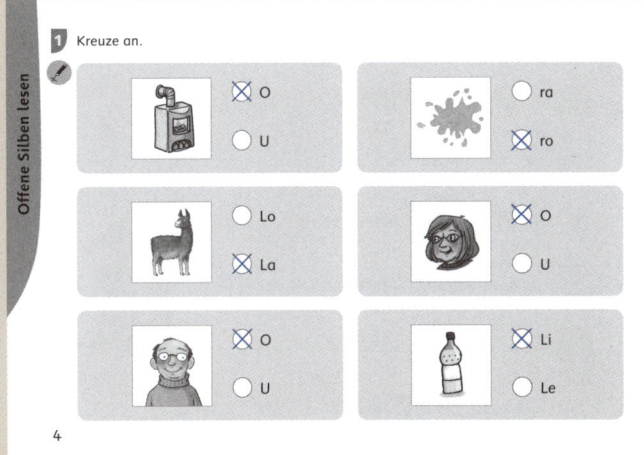

4

23

1 Ergänze a, e, i, o oder u.

O̲pa

La̲ma

Li̲mo

O̲ma

ro̲sa

O̲fen

In jedem ⌣ gibt es a, e, i, u, o.

5

1 Lies. Kreuze an.

☒ Ofen
◯ Ofan

☒ Opa
◯ Opu

◯ Limi
☒ Limo

☒ Lama
◯ Lamo

◯ Ome
☒ Oma

☒ rosa
◯ rosu

6

1 Lies die Wörter. Schreibe die Wörter ab.

der Hase — der Hase

die Nase — die Nase

die Dose — die Dose

die Rose — die Rose

die Hose — die Hose

die Wolke — die Wolke

7

1 Kreuze an.

Hase ☒ ◯

Dose ◯ ☒

Hose ◯ ☒

Nase ☒ ◯

Wolke ☒ ◯

Rose ☒ ◯

8

24

1 Verbinde mit dem passenden Anlaut.

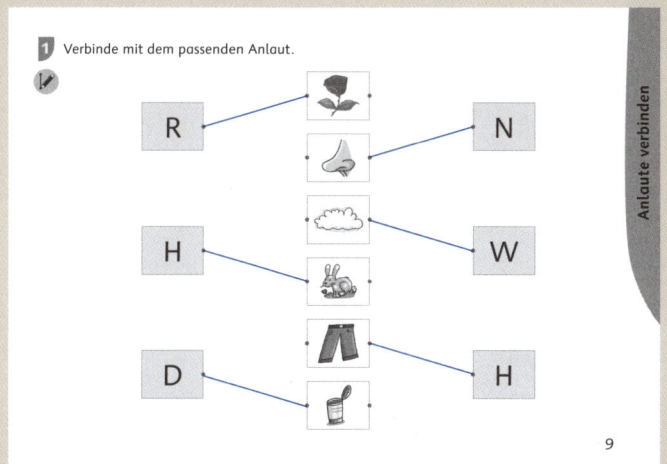

9

1 Kreuze an.

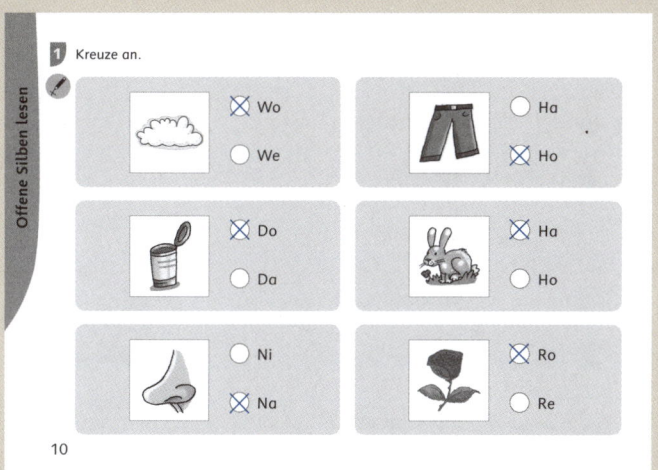

10

1 Ergänze a, e, i, o oder u.

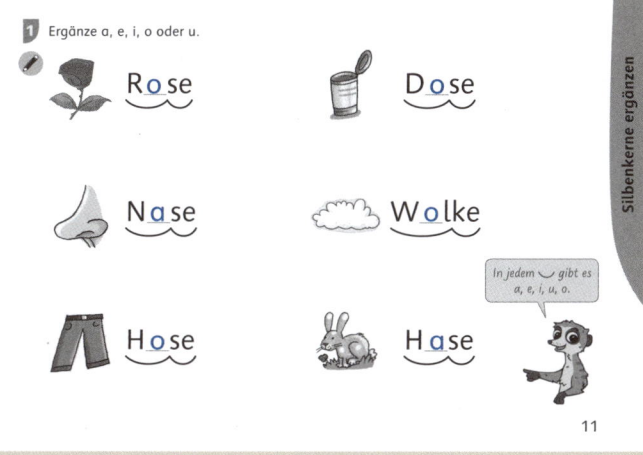

R**o**se   D**o**se

N**a**se   W**o**lke

H**o**se   H**a**se

In jedem ⌣ gibt es a, e, i, u, o.

11

1 Lies. Kreuze an.

12

25

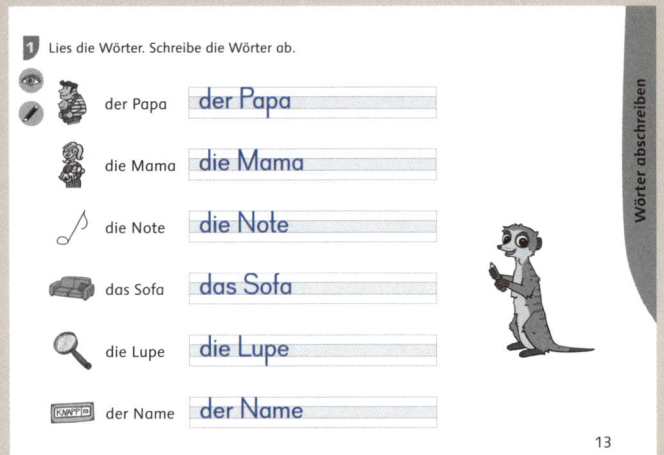

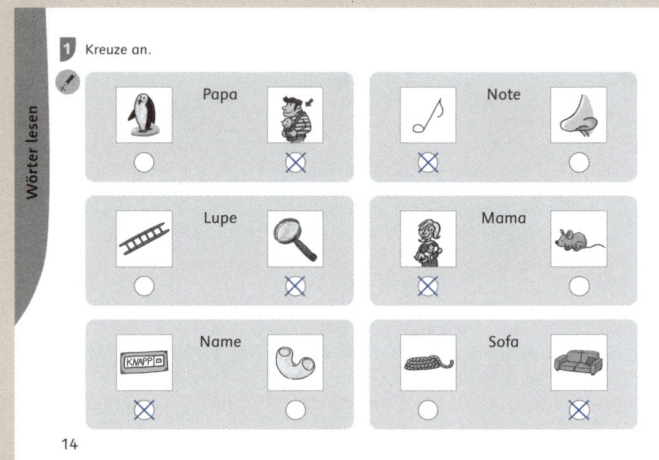

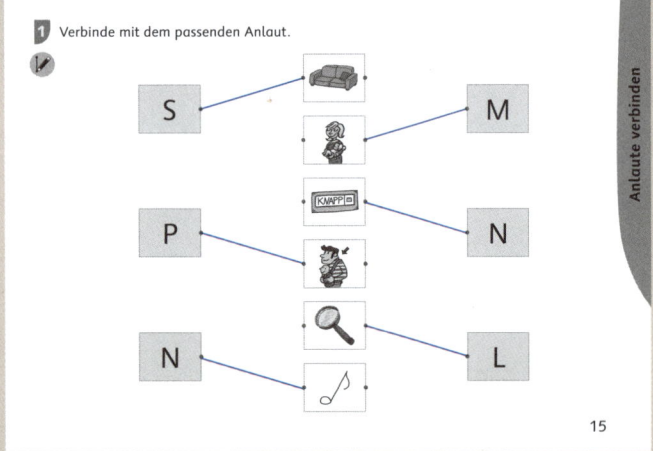

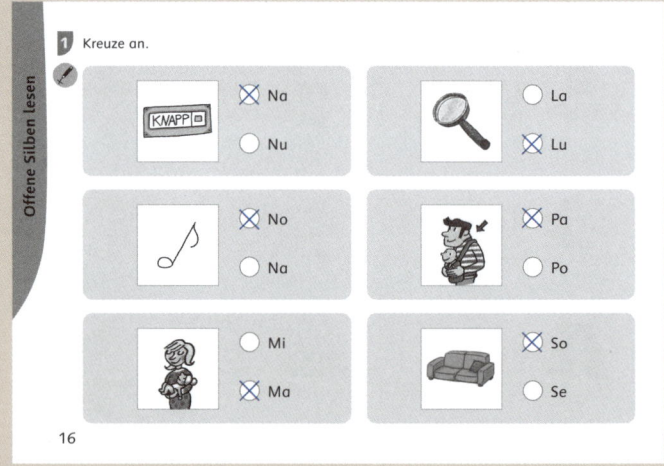

26

1 Ergänze a, e, i, o, oder u.

S o f a   N o te

M a ma   N a me

L u pe   P a pa

In jedem ⌣ gibt es a, e, i, u, o.

Ins Lesen kommen

17

Minimalpaare lesen

1 Lies. Kreuze an.

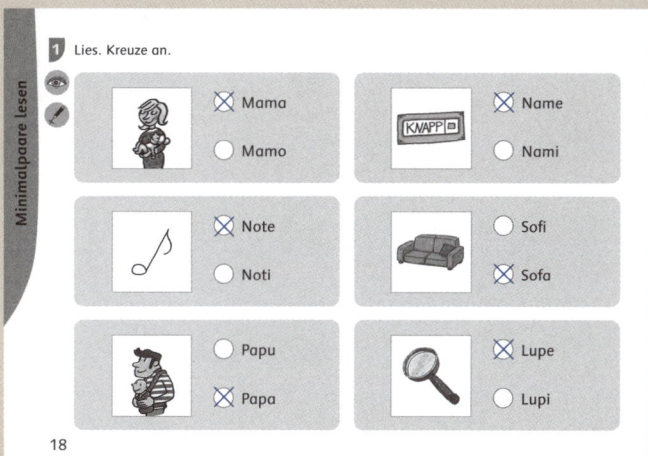

- ☒ Mama
- ◯ Mamo

- ☒ Name
- ◯ Nami

- ☒ Note
- ◯ Noti

- ◯ Sofi
- ☒ Sofa

- ◯ Papu
- ☒ Papa

- ☒ Lupe
- ◯ Lupi

18

---

1 Verbinde mit dem passenden Anlaut.

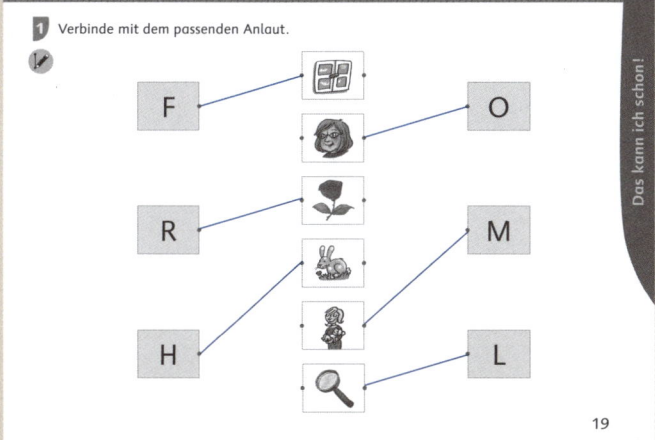

F   O

R   M

H   L

Das kann ich schon!

19

Das kann ich schon!

1 Kreuze an.

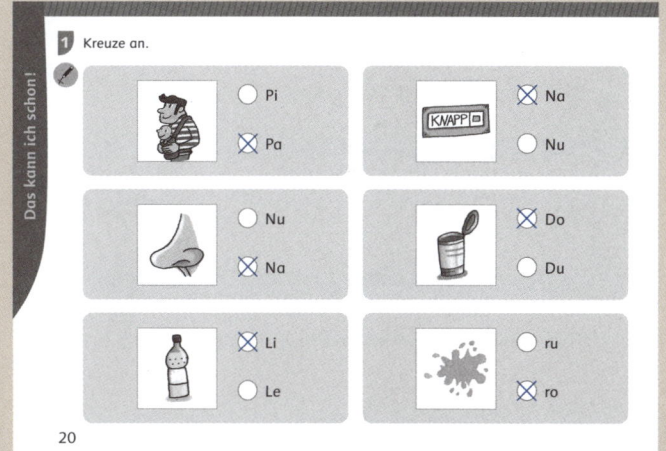

- ◯ Pi
- ☒ Pa

- ☒ Na
- ◯ Nu

- ◯ Nu
- ☒ Na

- ☒ Do
- ◯ Du

- ☒ Li
- ◯ Le

- ◯ ru
- ☒ ro

20

1 Ergänze.

Opa — Rose

Name — Lama

Wolke — Sofa

21

1 Lies. Kreuze an.

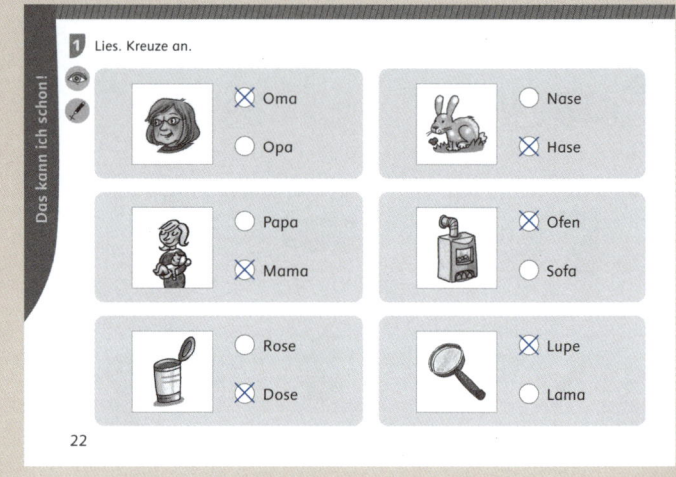

- ☒ Oma ○ Opa
- ○ Nase ☒ Hase
- ○ Papa ☒ Mama
- ☒ Ofen ○ Sofa
- ○ Rose ☒ Dose
- ☒ Lupe ○ Lama

22

1 Lies die Wörter. Schreibe die Wörter ab.

der Apfel — der Apfel

die Gabel — die Gabel

die Insel — die Insel

der Pinsel — der Pinsel

die Nudel — die Nudel

die Tafel — die Tafel

34

1 Kreuze an.

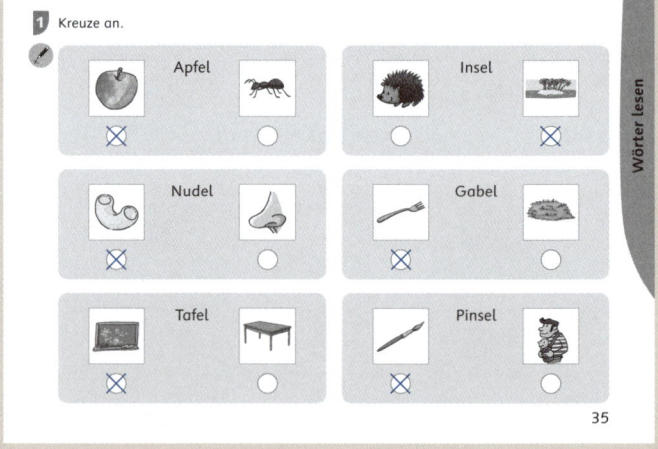

Apfel ☒ ○ — Insel ○ ☒

Nudel ☒ ○ — Gabel ☒ ○

Tafel ☒ ○ — Pinsel ☒ ○

35

28

1 Verbinde mit dem passenden Anlaut.

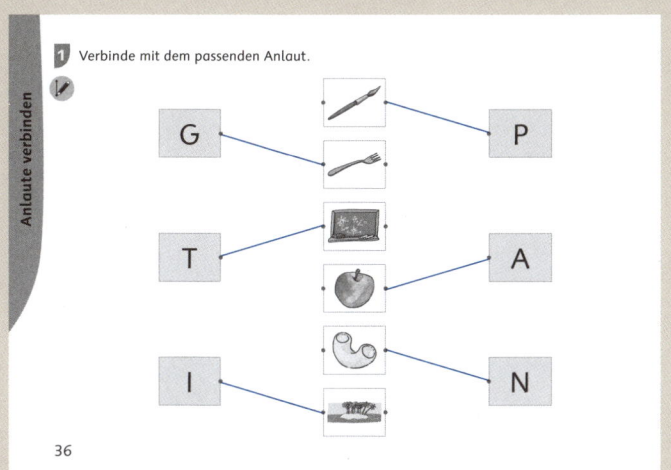

G

T

I

P

A

N

36

1 Kreuze an.

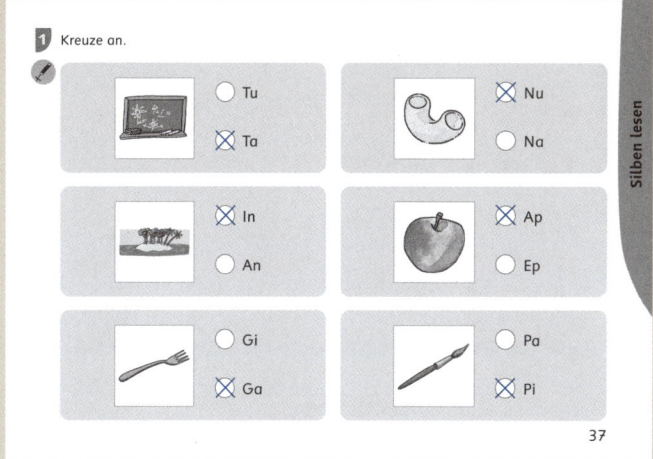

○ Tu
⊠ Ta

⊠ Nu
○ Na

⊠ In
○ An

⊠ Ap
○ Ep

○ Gi
⊠ Ga

○ Pa
⊠ Pi

37

1 Ergänze a, e, i, o oder u.

P i nsel

I nsel

G a bel

T a fel

N u del

A pfel

In jedem ⌣ gibt es
a, e, i, u, o.

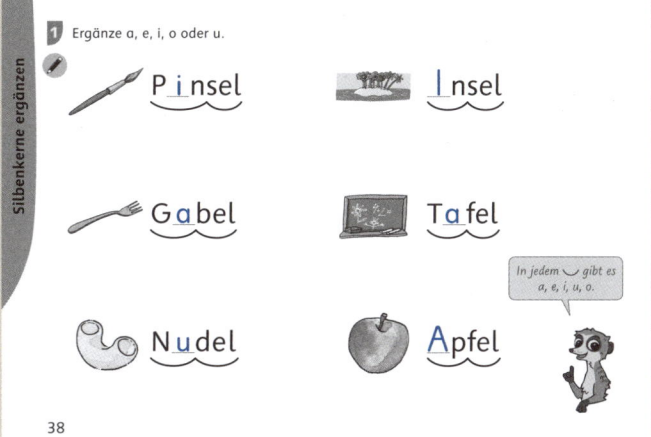

38

1 Lies. Kreuze an.

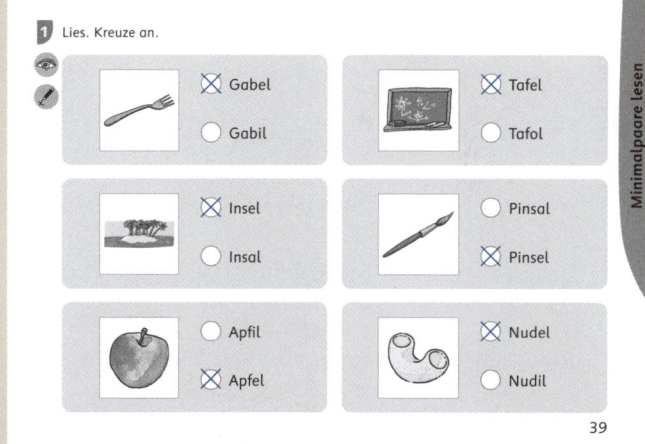

⊠ Gabel
○ Gabil

⊠ Tafel
○ Tafol

⊠ Insel
○ Insal

○ Pinsal
⊠ Pinsel

○ Apfil
⊠ Apfel

⊠ Nudel
○ Nudil

39

29

1 Lies die Wörter. Schreibe die Wörter ab.

	das Fenster	das Fenster
	das Feuer	das Feuer
	der Finger	der Finger
	der Kleber	der Kleber
	die Leiter	die Leiter
	das Pflaster	das Pflaster

40

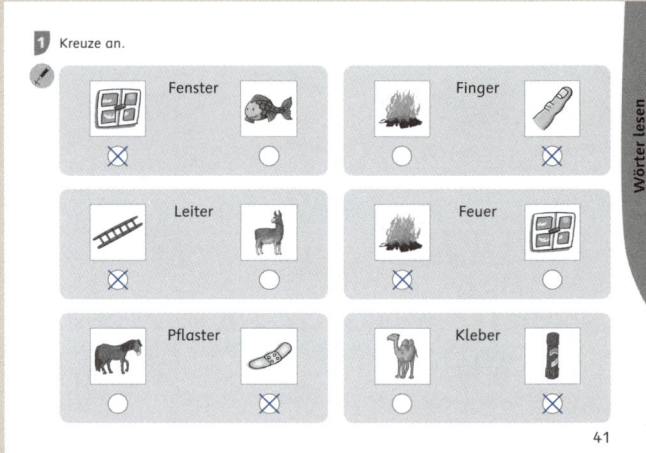

1 Kreuze an.

Fenster ☒ — Fisch ○
Finger ○ — Finger ☒
Leiter ☒ — Lama ○
Feuer ☒ — Fenster ○
Pflaster ○ — Pflaster ☒
Kamel ○ — Kleber ☒

41

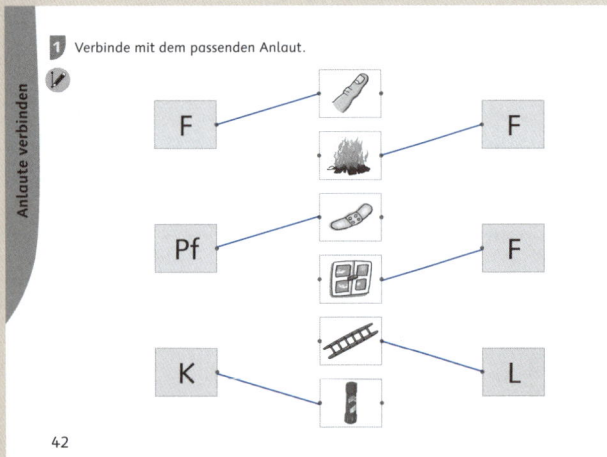

1 Verbinde mit dem passenden Anlaut.

F — F — Pf — F — K — L

42

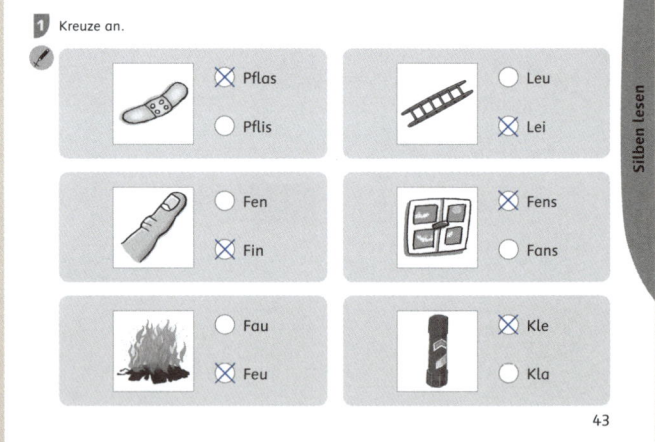

1 Kreuze an.

☒ Pflas / ○ Pflis
○ Leu / ☒ Lei
○ Fen / ☒ Fin
☒ Fens / ○ Fans
○ Fau / ☒ Feu
☒ Kle / ○ Kla

43

30

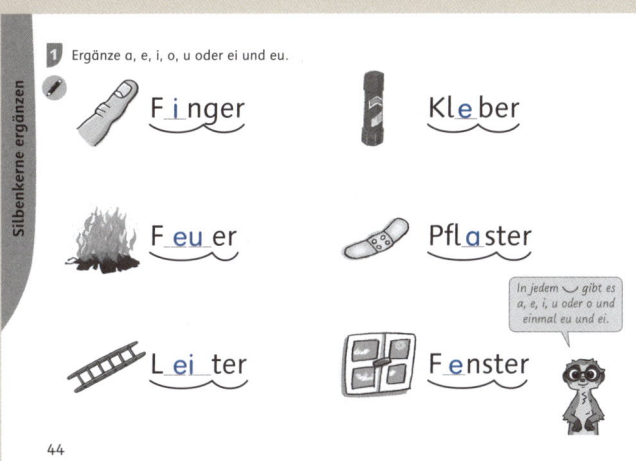

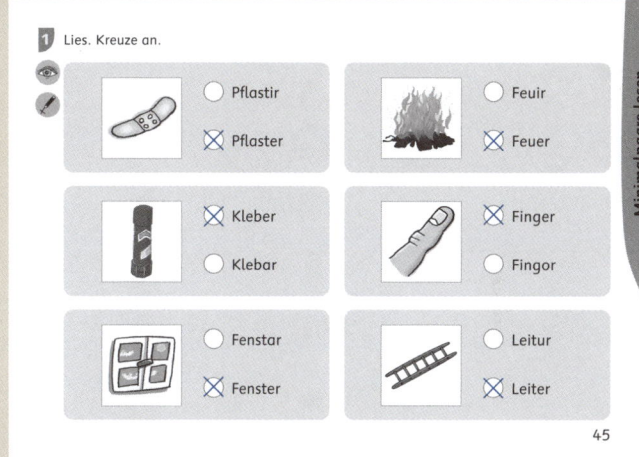

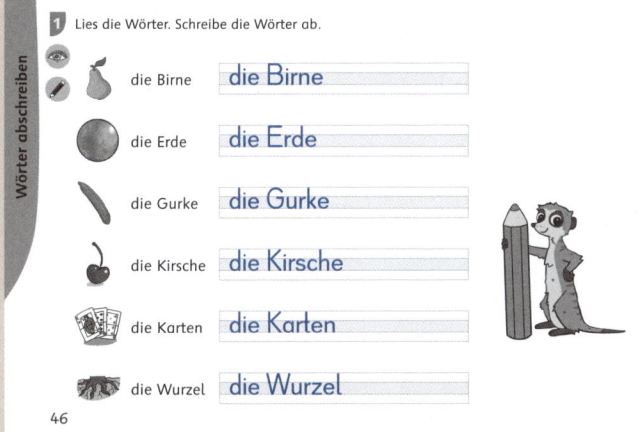

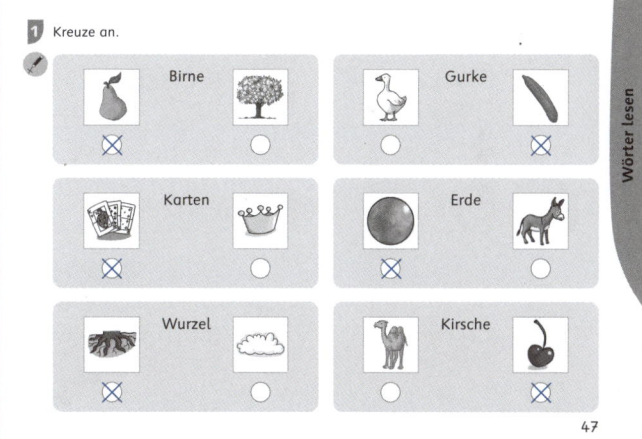

Silbenkerne ergänzen

1 Ergänze a, e, i, o, u oder ei und eu.

F**i**nger   Kl**e**ber

F**eu**er   Pfl**a**ster

L**ei**ter   F**e**nster

In jedem ⏜ gibt es a, e, i, u oder o und einmal eu und ei.

44

Minimalpaare lesen

1 Lies. Kreuze an.

- ○ Pflastir
- ☒ Pflaster

- ○ Feuir
- ☒ Feuer

- ☒ Kleber
- ○ Klebar

- ☒ Finger
- ○ Fingor

- ○ Fenstar
- ☒ Fenster

- ○ Leitur
- ☒ Leiter

45

Wörter abschreiben

1 Lies die Wörter. Schreibe die Wörter ab.

die Birne — die Birne

die Erde — die Erde

die Gurke — die Gurke

die Kirsche — die Kirsche

die Karten — die Karten

die Wurzel — die Wurzel

46

Wörter lesen

1 Kreuze an.

Birne ☒ ○   Gurke ○ ☒

Karten ☒ ○   Erde ☒ ○

Wurzel ☒ ○   Kirsche ○ ☒

47

1 Verbinde mit dem passenden Anlaut.

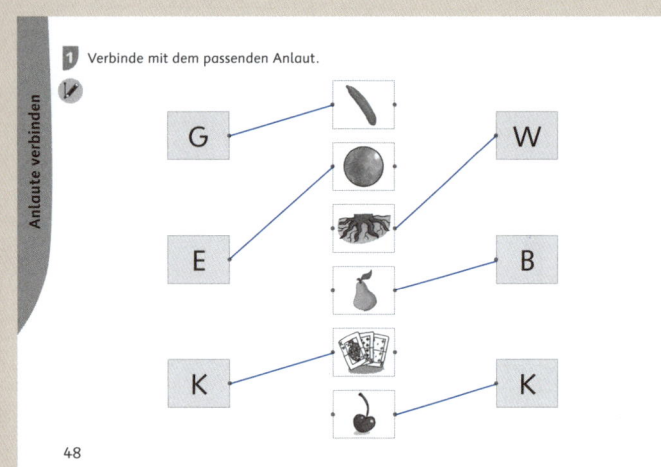

1 Kreuze an.

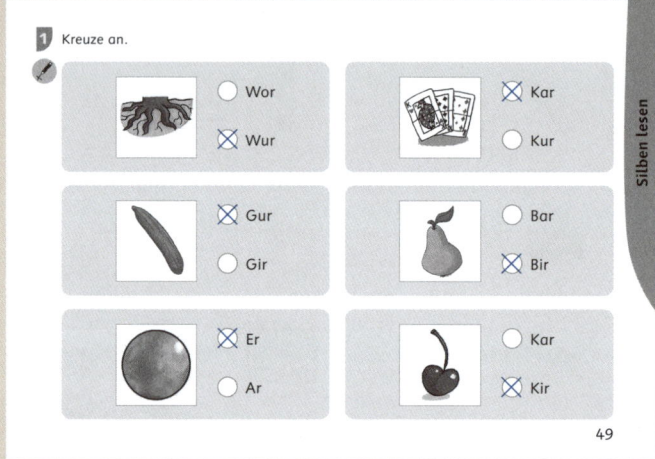

○ Wor
☒ Wur

☒ Kar
○ Kur

☒ Gur
○ Gir

○ Bar
☒ Bir

☒ Er
○ Ar

○ Kar
☒ Kir

1 Ergänze a, e, i, oder u.

Gurke

Kirsche

Erde

Wurzel

Karten

Birne

In jedem ⌣ gibt es a, e, i, u, o.

1 Lies. Kreuze an.

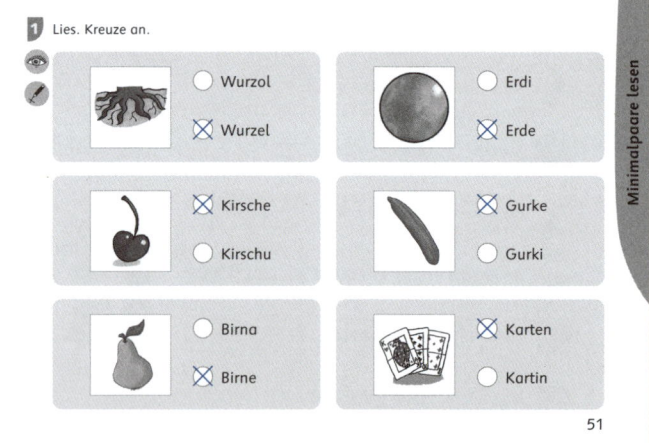

○ Wurzol
☒ Wurzel

○ Erdi
☒ Erde

☒ Kirsche
○ Kirschu

☒ Gurke
○ Gurki

○ Birna
☒ Birne

☒ Karten
○ Kartin

32

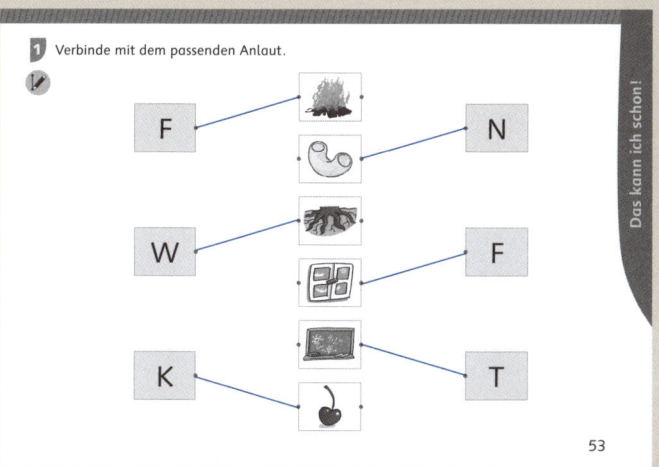

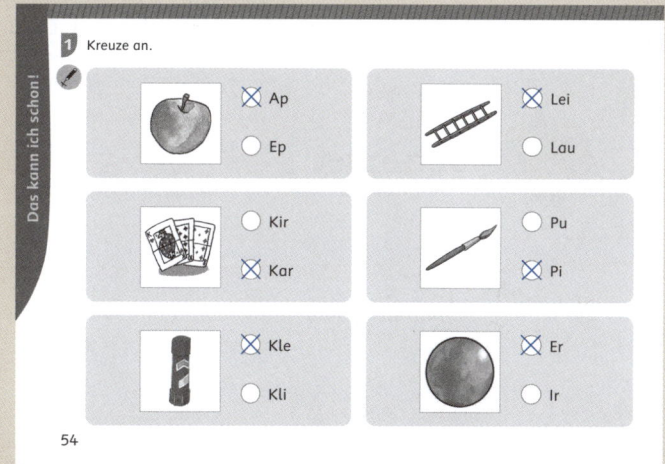

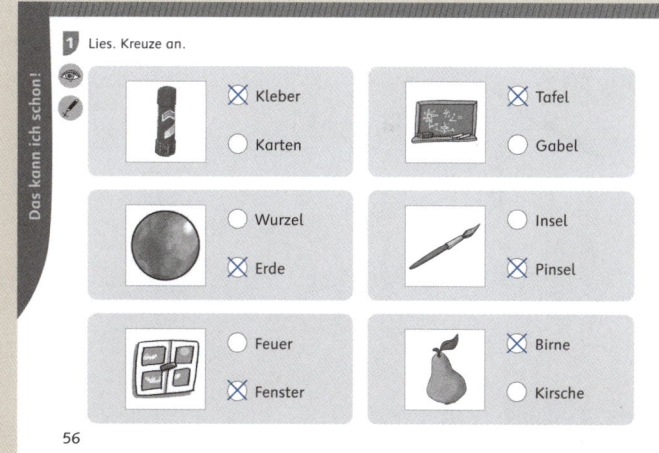

1 Lies die Wörter. Schreibe die Wörter ab.

Wörter abschreiben

der Apfel

die Gabel

die Insel

der Pinsel

die Nudel

die Tafel

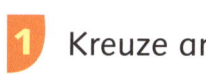

1 Kreuze an.

Apfel

Insel

Nudel

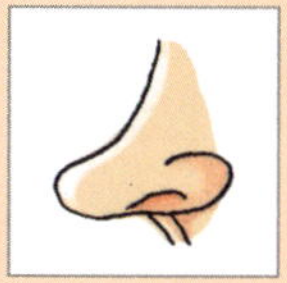

Gabel

Tafel

Pinsel

35

1 Verbinde mit dem passenden Anlaut.

G

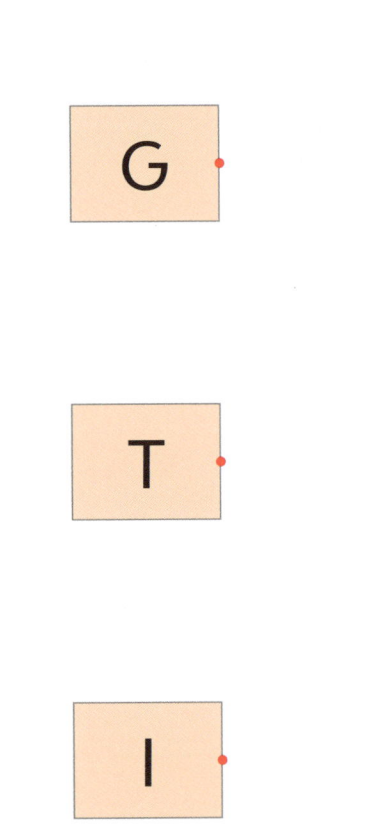

P

T

A

I

N

36

1 Kreuze an.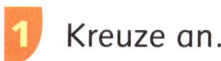

○ Tu

○ Ta

○ Nu

○ Na

○ In

○ An

○ Ap

○ Ep

○ Gi

○ Ga

○ Pun

○ Pin

1 Ergänze a, e, i, o oder u.

 P__nsel

 __nsel

 G__bel

 T__fel

In jedem ‿ gibt es
a, e, i, u, o.

 N__del

 __pfel

 Lies. Kreuze an.

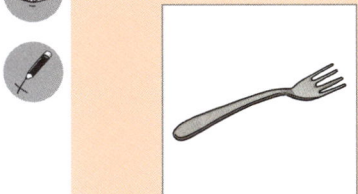

○ Gabel

○ Gabil

○ Tafel

○ Tafol

○ Insel

○ Insal

○ Pinsal

○ Pinsel

○ Apfil

○ Apfel

○ Nudel

○ Nudil

1 Lies die Wörter. Schreibe die Wörter ab.

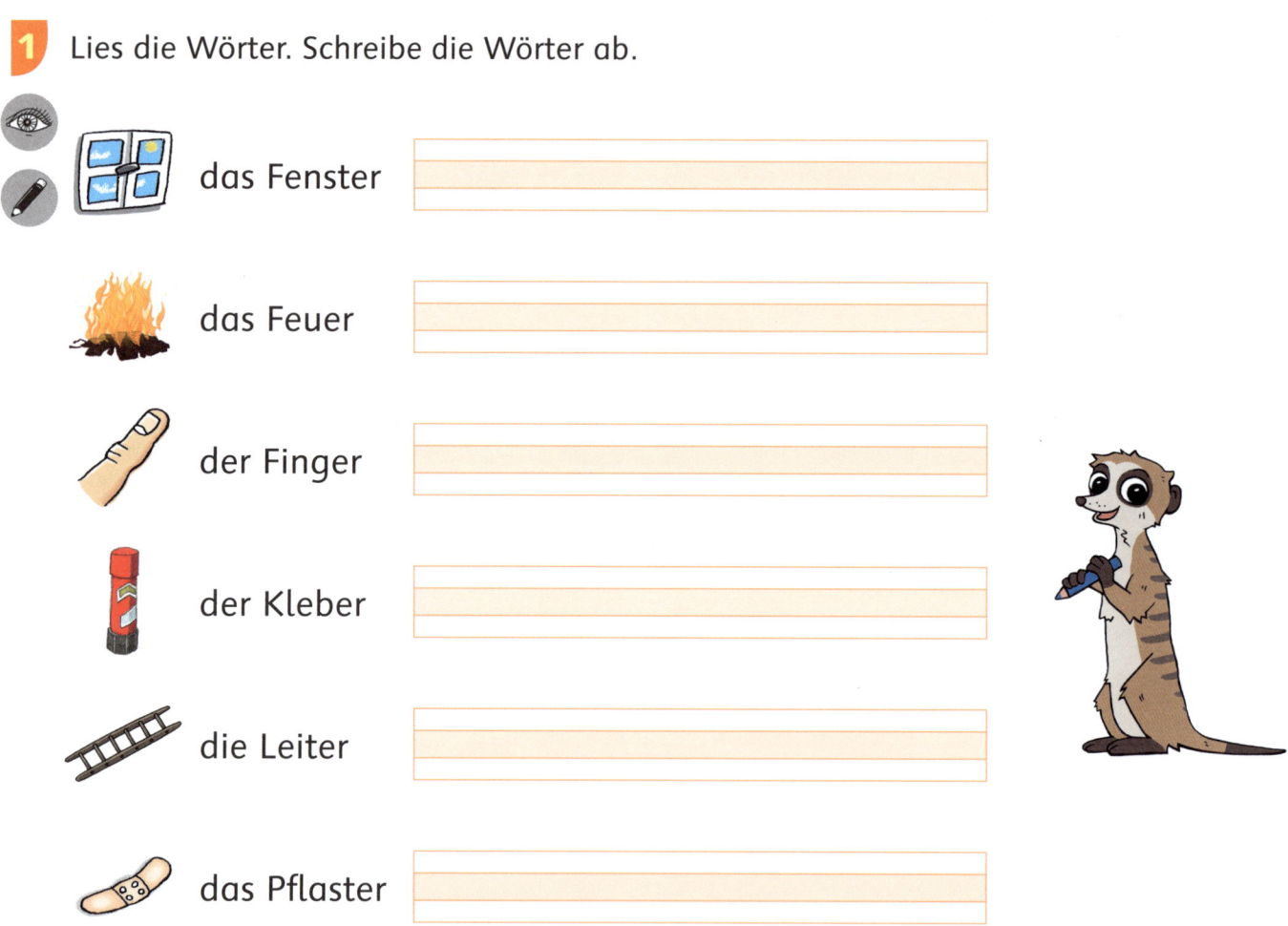

das Fenster

das Feuer

der Finger

der Kleber

die Leiter

das Pflaster

1 Kreuze an.

Fenster ◯ ◯

Finger ◯ ◯

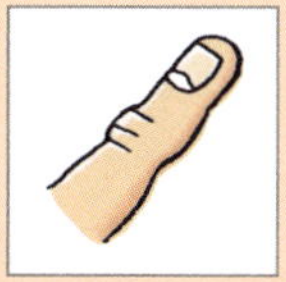

Leiter ◯ ◯

Feuer ◯ ◯

Pflaster ◯ ◯

Kleber ◯ ◯

41

1 Verbinde mit dem passenden Anlaut.

F

Pf

K

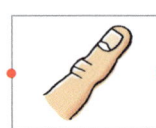

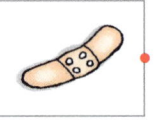

F

F

L

1 Kreuze an.

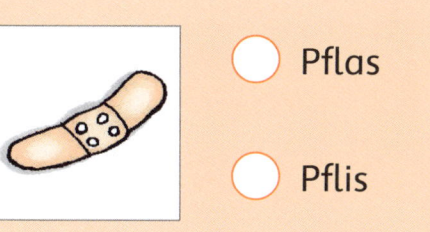

○ Pflas

○ Pflis

○ Leu

○ Lei

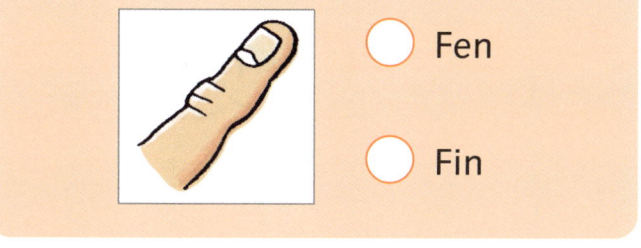

○ Fen

○ Fin

○ Fens

○ Fans

○ Fau

○ Feu

○ Kle

○ Kla

1 Ergänze a, e, i, o, u oder ei und eu.

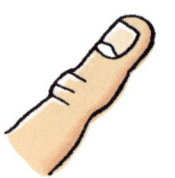 F__nger

 Kl__ber

 F___er

 Pfl__ster

 L___ter

 F__nster

In jedem ⌣ gibt es a, e, i, u oder o und einmal eu und ei.

44

1 Lies. Kreuze an.

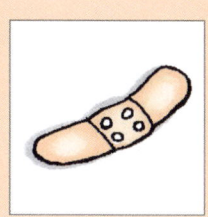
○ Pflastir
○ Pflaster

○ Feuir
○ Feuer

○ Kleber
○ Klebur

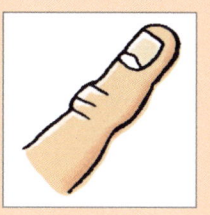
○ Finger
○ Fingor

○ Fenstar
○ Fenster

○ Leitur
○ Leiter

1 Lies die Wörter. Schreibe die Wörter ab.

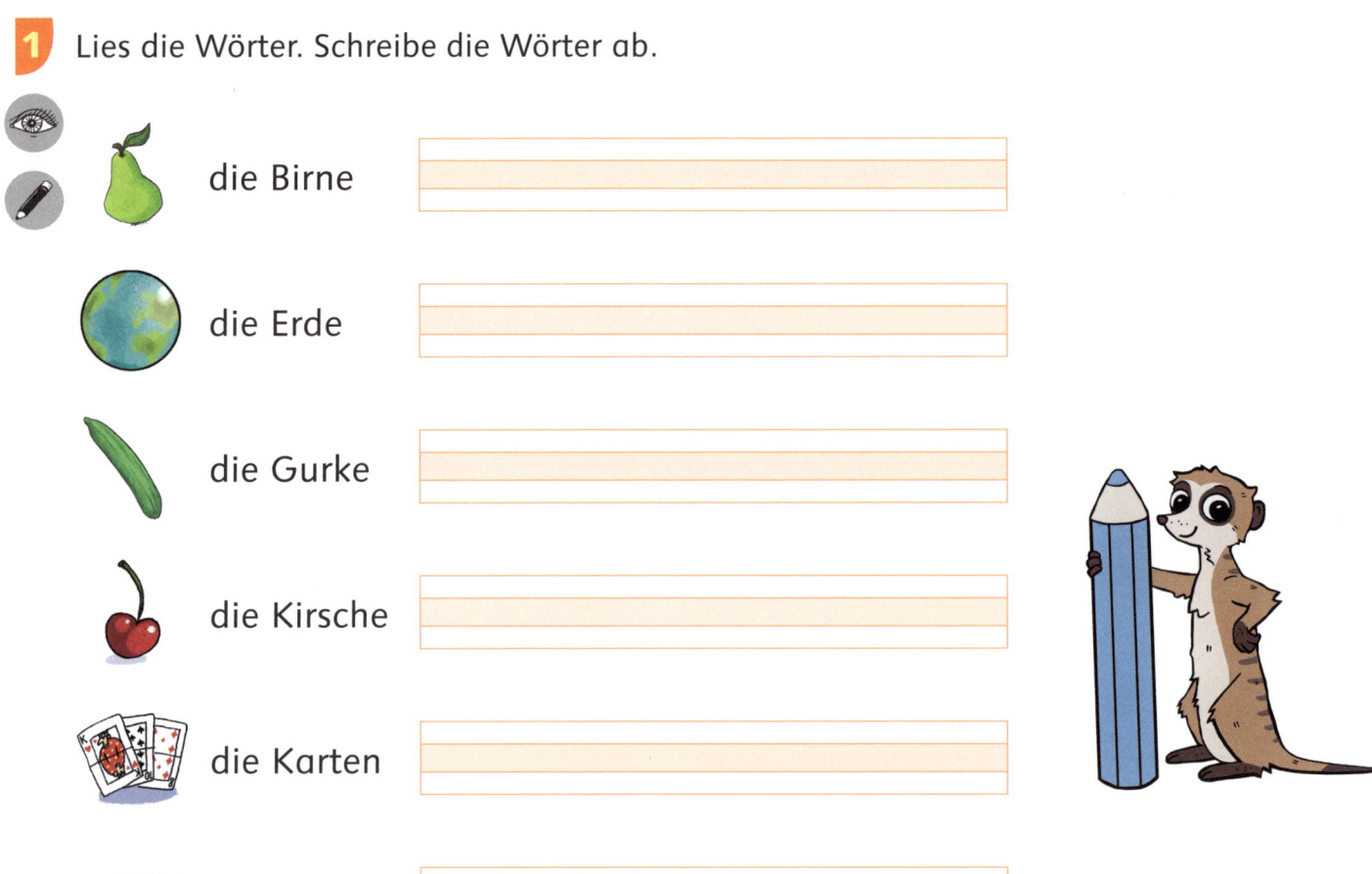

die Birne

die Erde

die Gurke

die Kirsche

die Karten

die Wurzel

1 Kreuze an.

Birne

Gurke

Karten

Erde

Wurzel

Kirsche

1 Verbinde mit dem passenden Anlaut.

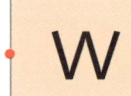

G

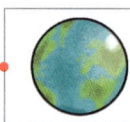

W

E

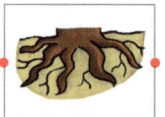

B

K

K

 **Kreuze an.**

- ◯ Wor
- ◯ Wur

- ◯ Kar
- ◯ Kur

- ◯ Gur
- ◯ Gir

- ◯ Bar
- ◯ Bir

- ◯ Er
- ◯ Ar

- ◯ Kar
- ◯ Kir

1 Ergänze a, e, i, oder u.

 G__rke

 K__rsche

 __rde

 W__rzel

 K__rten

 B__rne

In jedem ⌣ gibt es a, e, i, u, o.

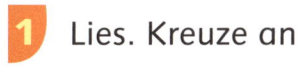

1 Lies. Kreuze an.

○ Wurzol

○ Wurzel

○ Erdi

○ Erde

○ Kirsche

○ Kirschu

○ Gurke

○ Gurki

○ Birna

○ Birne

○ Karten

○ Kartin

Viel Spaß!

1 Welche Dinge siehst du im Bild? Kreuze an.

○ Lama

○ Oma

○ Dose

○ Birne

○ Leiter

○ Apfel

○ Feuer

○ Gurke

○ Wolke

○ Lupe

Lösung: Lama, Birne, Leiter, Apfel, Feuer, Wolke

1 Verbinde mit dem passenden Anlaut.

F

N

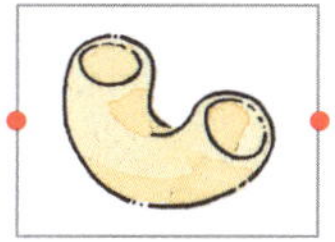

W

F

K

T

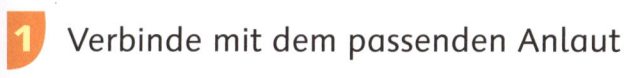

1 Kreuze an.

○ Ap
○ Ep

○ Lei
○ Lau

○ Kir
○ Kar

○ Pun
○ Pin

○ Kle
○ Kli

○ Er
○ Ir

 **Ergänze.**

 N__del

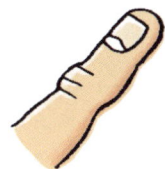 F__nger

 K__rsche

 __nsel

 G__rke

 F__nster

1 Lies. Kreuze an.

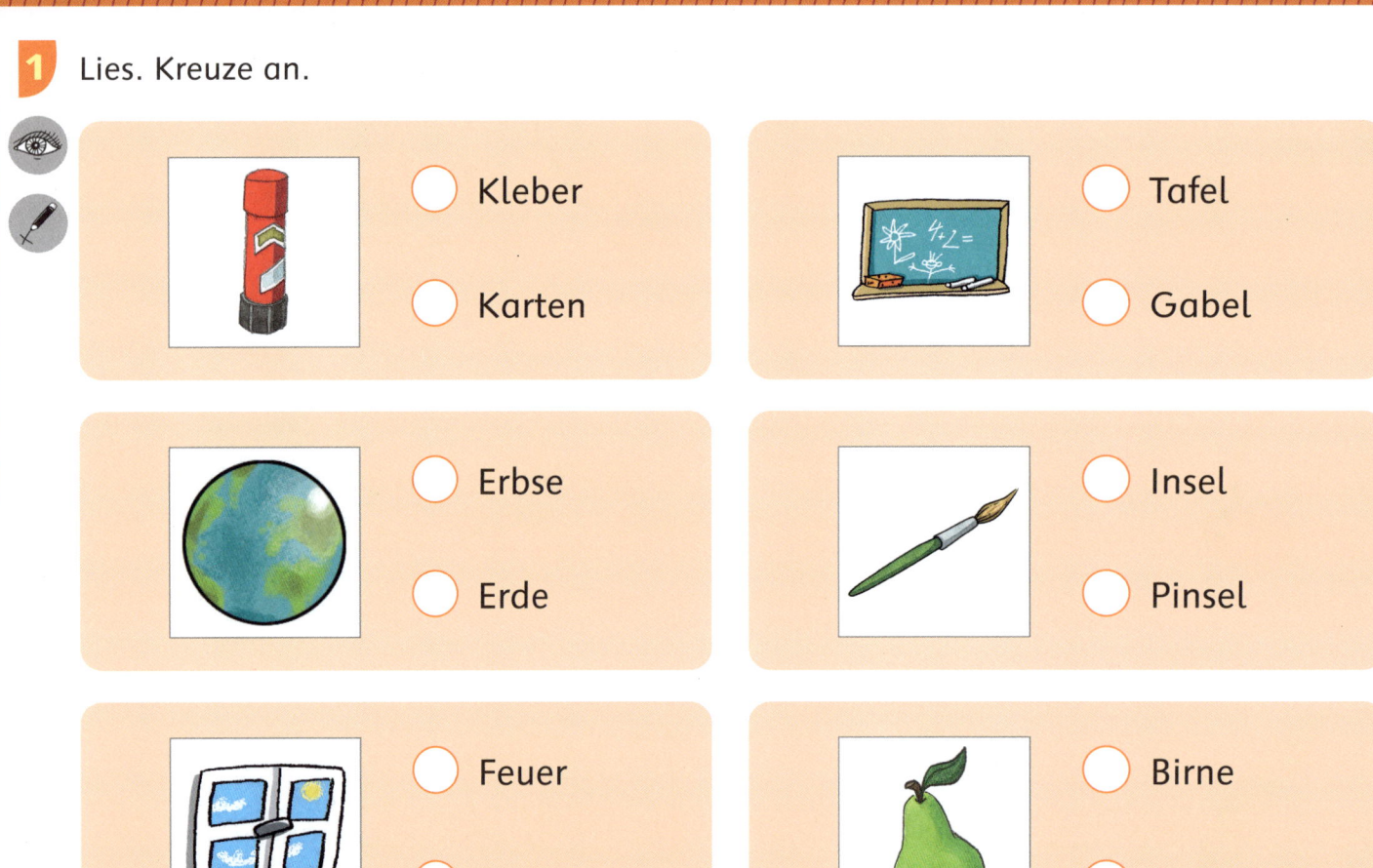

○ Kleber
○ Karten

○ Tafel
○ Gabel

○ Erbse
○ Erde

○ Insel
○ Pinsel

○ Feuer
○ Fenster

○ Birne
○ Bus